Harry Potter

RONY WEASLEY

Guia cinematográfico

ROCCO
JOVENS LEITORES

Copyright © 2017 Warner Bros. Entertainment Inc.
HARRY POTTER characters, names and related indicia are © & ™ Warner Bros. Entertainment Inc.
WB SHIELD: TM & © WBEI.
J.K. ROWLING'S WIZARDING WORLD ™ J.K. Rowling and Warner Bros. Entertainment Inc. Publishing Rights © JKR. (s17)

www.harrypotter.com

Título original: HARRY POTTER™ RON WEASLEY™: CINEMATIC GUIDE
Todos os direitos reservados. Primeira publicação nos Estados Unidos em 2016 pela Scholastic Inc., *Editores desde 1920*. SCHOLASTIC e logos associados são marcas e/ou marcas registradas da Scholastic Inc.

Publicado no Brasil em 2017 pela Editora Rocco Ltda., mediante acordo com a Scholastic Inc.

Tradução: Regiane Winarski

A Editora Rocco não tem nenhum controle ou assume qualquer responsabilidade pela autora ou websites de terceiros e/ou conteúdo.

Nenhuma parte desta publicação pode ser reproduzida, armazenada em sistema ou transmitida por qualquer meio eletrônico, mecânico, fotocópia, gravado ou sob qualquer outra forma, sem a autorização, por escrito, por parte da editora. Para obter informação sobre a autorização, escreva para a Editora Rocco.

Este livro é uma obra de ficção. Nomes, personagens, lugares e incidentes neste livro são produtos da imaginação do autor ou foram usados de forma fictícia e qualquer semelhança com pessoas reais, vivas ou não, estabelecimentos comerciais, eventos ou locais é mera coincidência.

De: Felicity Baker
Direção de arte: Rick DeMonico
Design de página: Two Red Shoes Design

EDITORA ROCCO LTDA.
Av. Presidente Wilson, 231 – 8º andar – 20030-021 – Rio de Janeiro, RJ
Tel.: 3525-2000 – Fax: 3525-2001
rocco@rocco.com.br | www.rocco.com.br

CIP-Brasil. Catalogação na fonte.
Sindicato Nacional dos Editores de Livros, RJ.

B142h

Baker, Felicity
  Harry Potter™: Rony Weasley™: guia cinematográfico / Felicity Baker; tradução de Regiane Winarski. 1ª ed. Rio de Janeiro: Rocco Jovens Leitores, 2017.
  il.

  Tradução de: Harry Potter™: Ron Weasley™: cinematic guide
  ISBN: 978-85-798-0341-3

  1. Potter, Harry (Personagem fictício). 2. Ficção inglesa. I. Winarski, Regiane. II. Título.

16-38633
CDD – 823
CDU – 21.111-3

Sumário

O começo 4

A vida em Hogwarts 10

Família, amigos e inimigos 22

Contratempos mágicos 36

Quadribol 44

Lutando contra as
    Forças das Trevas 50

O começo

Desde o primeiro encontro, Rony Weasley logo se torna o melhor amigo de Harry Potter. Para Rony, estudar em Hogwarts é esperado: os Weasley são uma família bruxa grande, sendo Rony o sexto de sete filhos. O maior desafio de Rony é descobrir o próprio caminho na escola com tantos irmãos já tendo passado por lá antes dele.

A aventura de Rony começa quando ele chega à plataforma nove e meia, na estação de King's Cross, para embarcar no Expresso de Hogwarts pela primeira vez.

"Vocês só precisam andar direto para a parede entre as plataformas nove e dez."

— Molly Weasley,
filme *Harry Potter e a Pedra Filosofal*

A mãe e a irmã mais nova de Rony, Gina, vão até a estação de trem para se despedir de Rony, que está partindo para Hogwarts.

No trem, Rony descobre que está no mesmo compartimento que o famoso Harry Potter!

Os garotos se dão bem na mesma hora — e Harry sela a amizade com doces que compra no carrinho de comida.

"Tem de chocolate e de menta. E tem também de espinafre, de fígado e de tripas."

— Rony Weasley sobre os Feijõezinhos de todos os Sabores, filme *Harry Potter e a Pedra Filosofal*

Rony também conhece Hermione Granger, outra aluna do primeiro ano, e pensa inicialmente que ela é metida a sabe-tudo. É difícil imaginar ao ver esse primeiro momento que esses três jovens bruxos se tornariam melhores amigos!

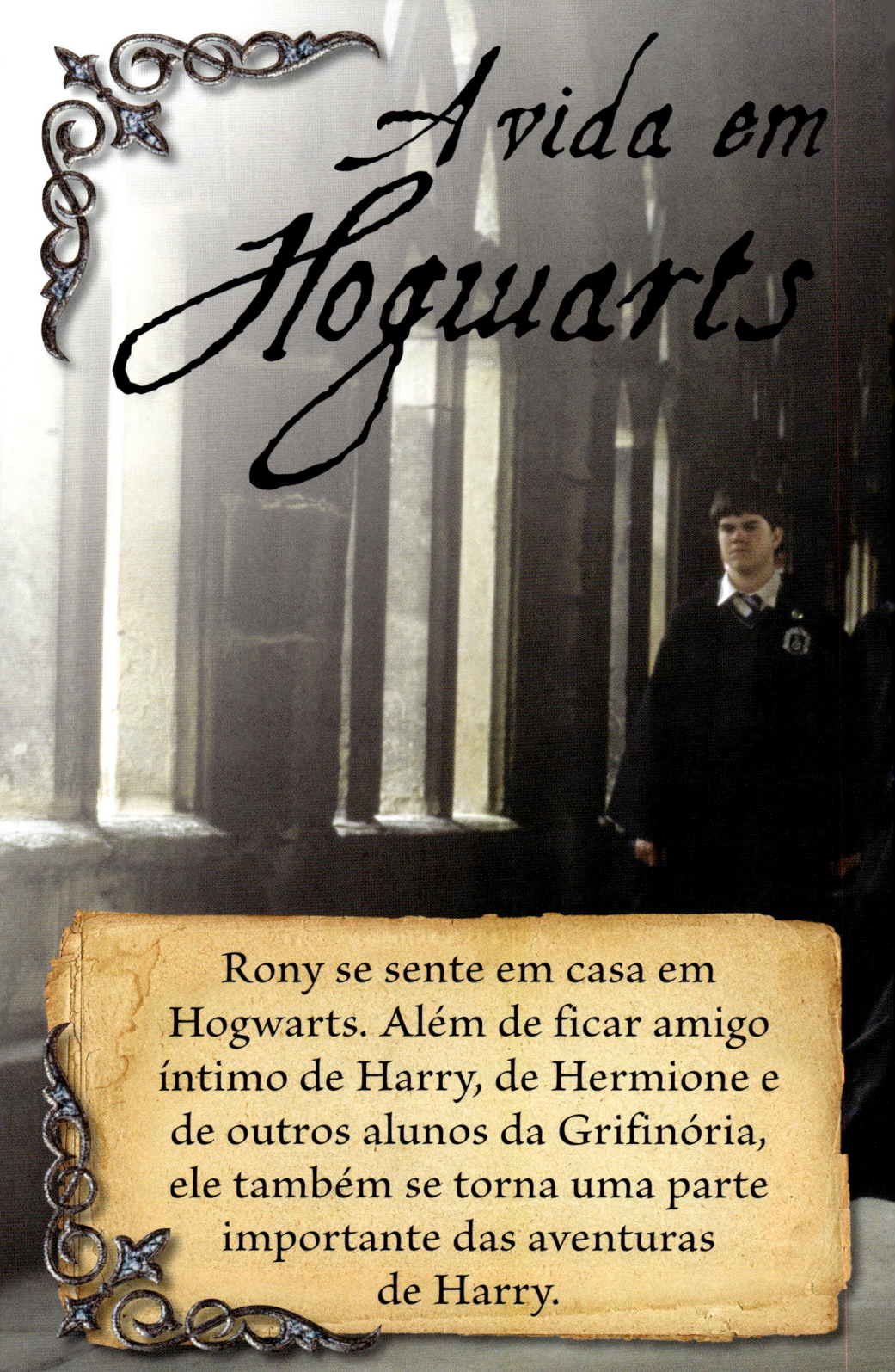

A vida em Hogwarts

Rony se sente em casa em Hogwarts. Além de ficar amigo íntimo de Harry, de Hermione e de outros alunos da Grifinória, ele também se torna uma parte importante das aventuras de Harry.

Depois de chegar a Hogwarts, Rony é selecionado para a Grifinória, assim como seus irmãos mais velhos haviam sido.

"Ah! Outro Weasley. Sei exatamente o que fazer com você: Grifinória!"

— Chapéu Seletor, filme *Harry Potter e a Pedra Filosofal*

Harry e Hermione, os novos amigos de Rony, também são escolhidos para a Grifinória.

Rony e Harry fazem todas as matérias na mesma sala de aula.

Rony e Harry chegam atrasados à primeira aula de Transfiguração com a professora McGonagall.

Rony também tem aulas com Hermione – para seu desgosto, Hermione costuma dizer a ele o que fazer.

Rony e seus colegas têm a primeira aula de voo com Madame Hooch.

Nem todas as aulas são tão emocionantes quanto a de aprender a voar: Rony e Harry se esforçam para prestar atenção à aula de Adivinhação da professora Trelawney.

É preciso usar abafadores de ouvido na aula de Herbologia! Rony remove da terra uma mandrágora bebê, cujos gritos são danosos, isso se não forem fatais.

Rony enfrenta seu maior medo durante a aula de Defesa Contra as Artes das Trevas: uma aranha gigante.

Rony e Hermione encorajam Harry a ensinar os amigos da escola a se defenderem contra as Artes das Trevas, e eles criam a Armada de Dumbledore.

O trio cria o grupo secreto para ensinar habilidades mágicas de defesa que vão protegê-los de Lorde Voldemort e de outras Forças das Trevas.

A vida em Hogwarts não é feita apenas de aulas; também há tempo para a diversão.

Uma ida a Hogsmeade.

Um jogo de xadrez de bruxo com Harry.

O Baile de Inverno, uma festa que acontece durante o Torneio Tribruxo, oferece novos e empolgantes desafios para Rony e Harry.

Rony e Harry tentam reunir coragem para convidar as belas alunas de Beauxbatons para o Baile de Inverno.

"Mamãe me mandou um vestido."
— RONY WEASLEY, filme HARRY POTTER E O CÁLICE DE FOGO

Rony e Harry vão ao Baile de Inverno com as irmãs Patil, Padma e Parvati.

Surpreendendo a muitos, inclusive Rony e Harry, Hermione vai com Vítor Krum, um famoso jogador de quadribol da Durmstrang.

Os Weasley não são só uma família bruxa antiga, mas também um clã unido e generoso. Ao longo dos filmes, os Weasley se tornam uma segunda família para Harry. Assim como Harry, Rony também faz amizades fortes — e alguns inimigos — em Hogwarts.

Os Weasley moram em uma casa mágica chamada A Toca.

"Não é grande coisa, mas é nosso lar."
— Rony Weasley,
filme Harry Potter e a Câmara Secreta

A mãe e o pai de Rony, Molly e Arthur Weasley.

Há muitos Weasley, e a família tem um relógio especial para acompanhar o paradeiro de todo mundo.

Dois dos irmãos mais velhos de Rony, Fred e Jorge, são gêmeos. Eles são famosos em Hogwarts por pregarem peças.

Fred e Jorge Weasley tomam uma Poção para Envelhecer, querendo ficar mais velhos o bastante para participar do Torneio Tribruxo. Mas, desta vez, a magia deles dá errado!

Os fogos de artifício dos gêmeos Weasley, em forma de dragão, perseguem a professora Umbridge, uma das professoras de quem eles menos gostam, até ela ser expulsa do Salão Principal!

A irmã mais nova de Rony, Gina, é uma bruxa poderosa.

Gina se mostra uma aliada útil na luta contra Lorde Voldemort.

Gina se interessa por Harry, para a reprovação de Rony.

Além dos gêmeos, Rony tem outros três irmãos mais velhos: Gui, Carlinhos e Percy.

Gui se formou em Hogwarts antes de Rony entrar.

Percy, o terceiro irmão mais velho de Rony, é monitor em Hogwarts. Diferentemente de Rony, Percy ama ter autoridade e impor regras.

Rony convida seus amigos mais próximos, Harry e Hermione, para irem à Copa Mundial de Quadribol com sua família. A diversão é interrompida por Comensais da Morte.

"Como Ministro da Magia, tenho grande prazer em receber cada um de vocês na final da quatrocentésima vigésima segunda Copa Mundial de Quadribol. Que a partida comece!"

— Cornélio Fudge,
filme Harry Potter e o Cálice de Fogo

No sexto ano, Rony começa a namorar a colega da Grifinória, Lilá Brown.

Hermione tem sentimentos por Rony e fica arrasada com o relacionamento dele com Lilá.

Depois que Rony bebe o veneno destinado ao professor Dumbledore, Hermione é a primeira a chegar ao lado de Rony, para a consternação de Lilá. Rony chama Hermione enquanto dorme, revelando que pode ter sentimentos fortes por ela.

Apesar de Rony ser amigo leal e uma companhia divertida, ele tem inimigos.

Os mais notórios deles são Draco Malfoy e seus colegas, Crabbe e Goyle.

"Cabelo ruivo e vestes de segunda mão? Você só pode ser um Weasley."

— Draco Malfoy,
filme Harry Potter e a Pedra Filosofal

"Se vocês fossem da Sonserina e seu destino estivesse nas minhas mãos, os dois estariam no trem, indo para casa hoje."

— Professor Snape,
filme *Harry Potter e a Câmara Secreta*

O professor Snape parece não gostar de Rony quase tanto quanto não gosta de Harry, e ameaça expulsá-los de Hogwarts mais de uma vez.

Contratempos Mágicos

Desde o comecinho, Rony tem altos e baixos ao aprender a executar magia. Suas aventuras no mundo mágico muitas vezes se transformam rapidamente em *desventuras*.

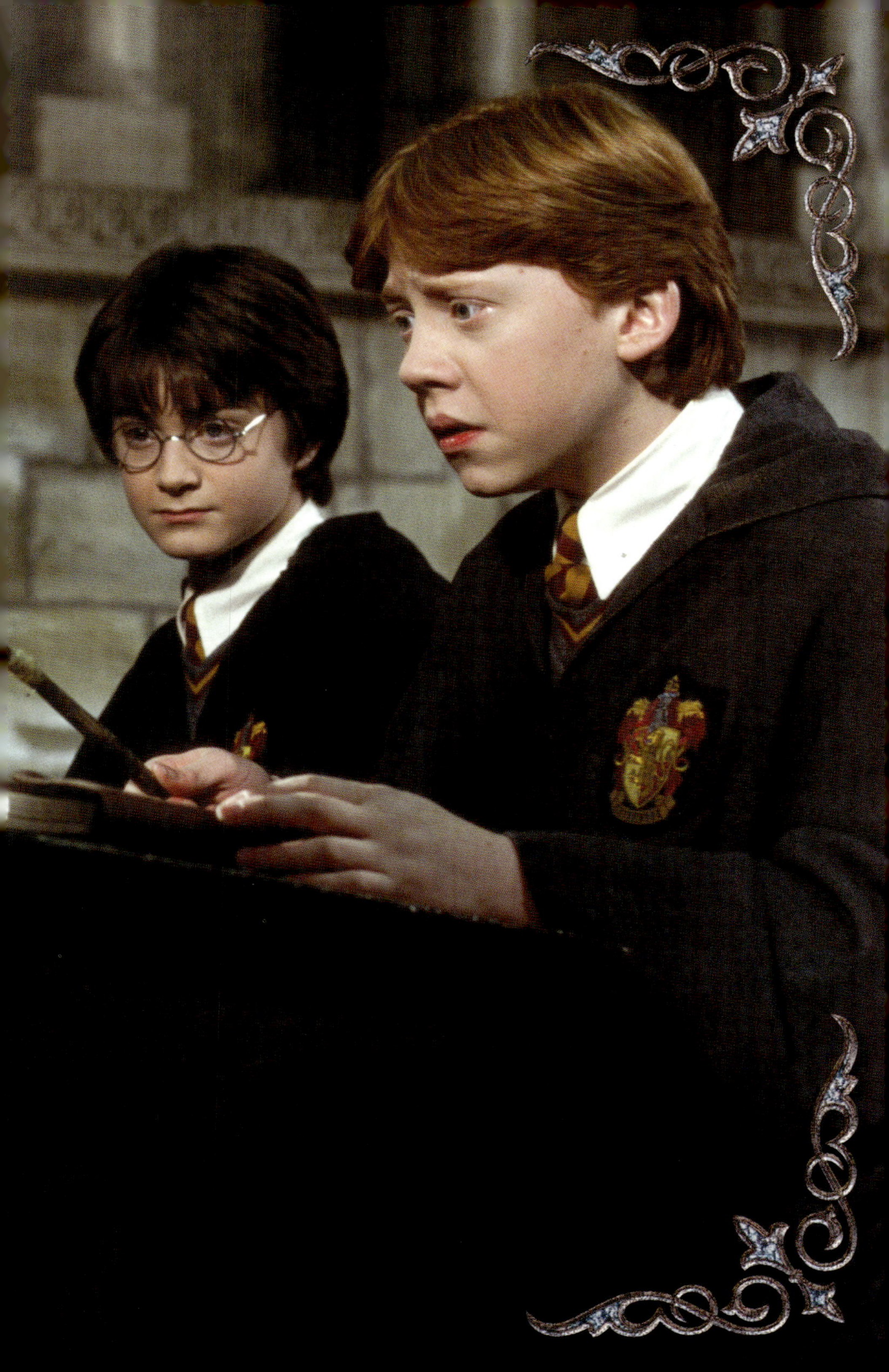

Depois que Harry e Rony perdem o trem para Hogwarts, no começo do segundo ano, os garotos encontram um jeito de chegar à escola: com o carro voador do sr. Weasley!

"Rony. Eu tenho que dizer uma coisa. A maioria dos trouxas não está acostumada a ver um carro voador."

—Harry Potter, filme *Harry Potter e a Câmara Secreta*

39

O carro voador, com Rony e Harry dentro, bate no Salgueiro Lutador, no terreno de Hogwarts.

A sra. Weasley manda para Rony um berrador — uma carta furiosa que dá uma bronca nele na frente da escola toda.

"RONALD WEASLEY! Como se atreveu a roubar aquele carro? Estou totalmente desgostosa!"

— Berrador da Sra. Weasley, filme *Harry Potter e a Câmara Secreta*

Às vezes, os contratempos mágicos de Rony vão do nojento ao ridículo.

A varinha de Rony quebra quando o carro bate. Ele tenta consertá-la, mas nunca volta a funcionar do mesmo jeito.

Depois que Draco insulta Hermione, Rony tenta amaldiçoá-lo. Mas o feitiço dá errado, e Rony acaba vomitando lesmas.

Rony acidentalmente come chocolates batizados com uma Poção do Amor direcionada a Harry. Como resultado, Rony fica desesperadamente apaixonado por Romilda Vane.

Rony: "Não é piada! Estou apaixonado por ela!"

Harry: "Tá, tudo bem, você está apaixonado por ela! Mas você já a conhece?"

— FILME HARRY POTTER E O ENIGMA DO PRÍNCIPE

Quadribol

No sexto ano, Rony faz testes para entrar no time de quadribol da Grifinória e conquista a disputada posição de goleiro.

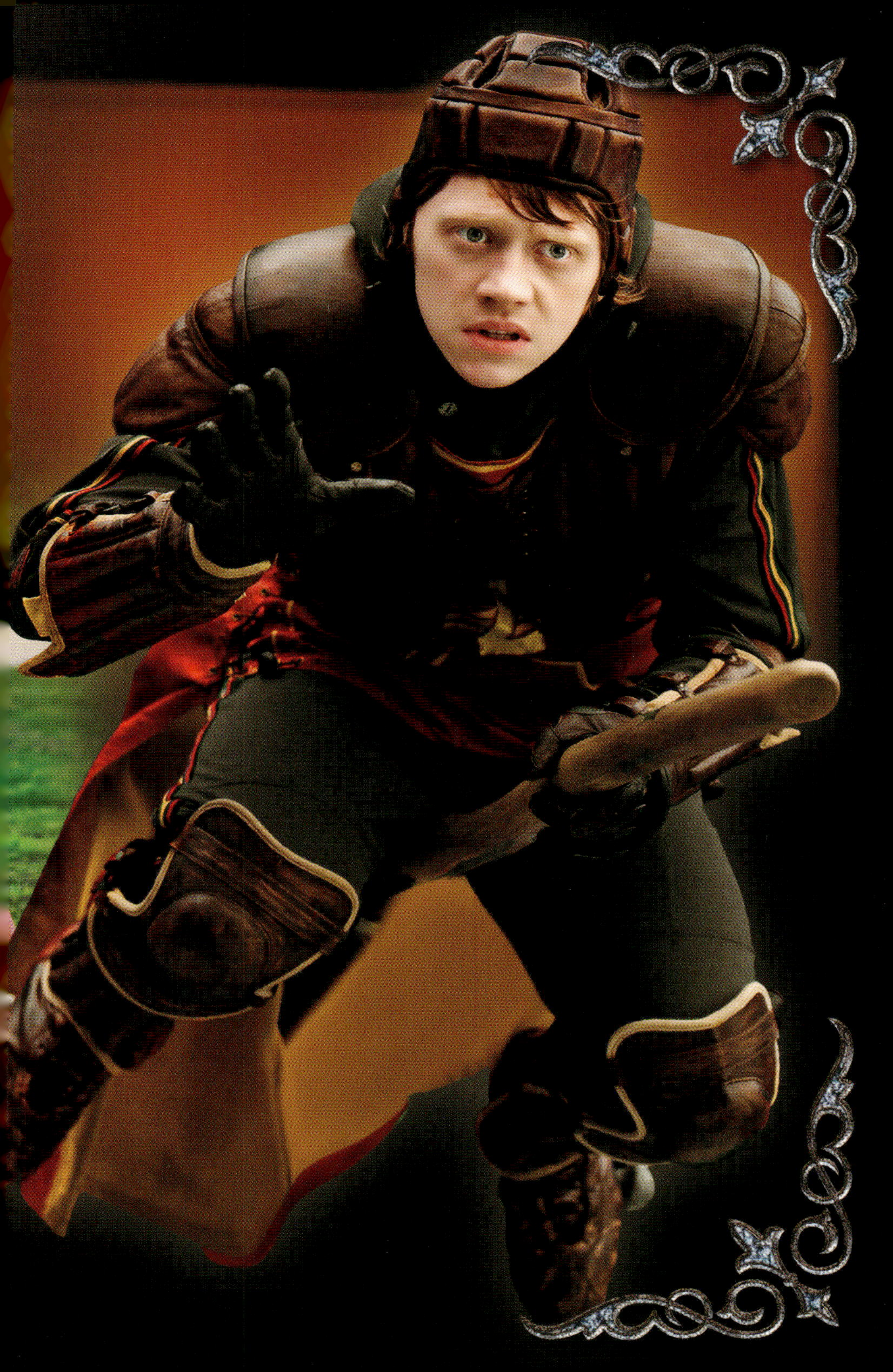

Rony de uniforme e equipamento de goleiro.

Durante os testes de quadribol, Rony faz defesas ousadas no gol.

Em seu primeiro jogo de quadribol, Rony faz uma defesa inacreditável! Grifinória vence!

A torcida de quadribol fica louca com Rony!

A comemoração pós-jogo para Rony na sala comunal da Grifinória.

Lutando contra as Forças das Trevas

Rony quase sempre está ao lado de Harry quando ele encontra as Forças das Trevas. Ele supera seus medos com coragem e tem várias ideias criativas para resolver a situação.

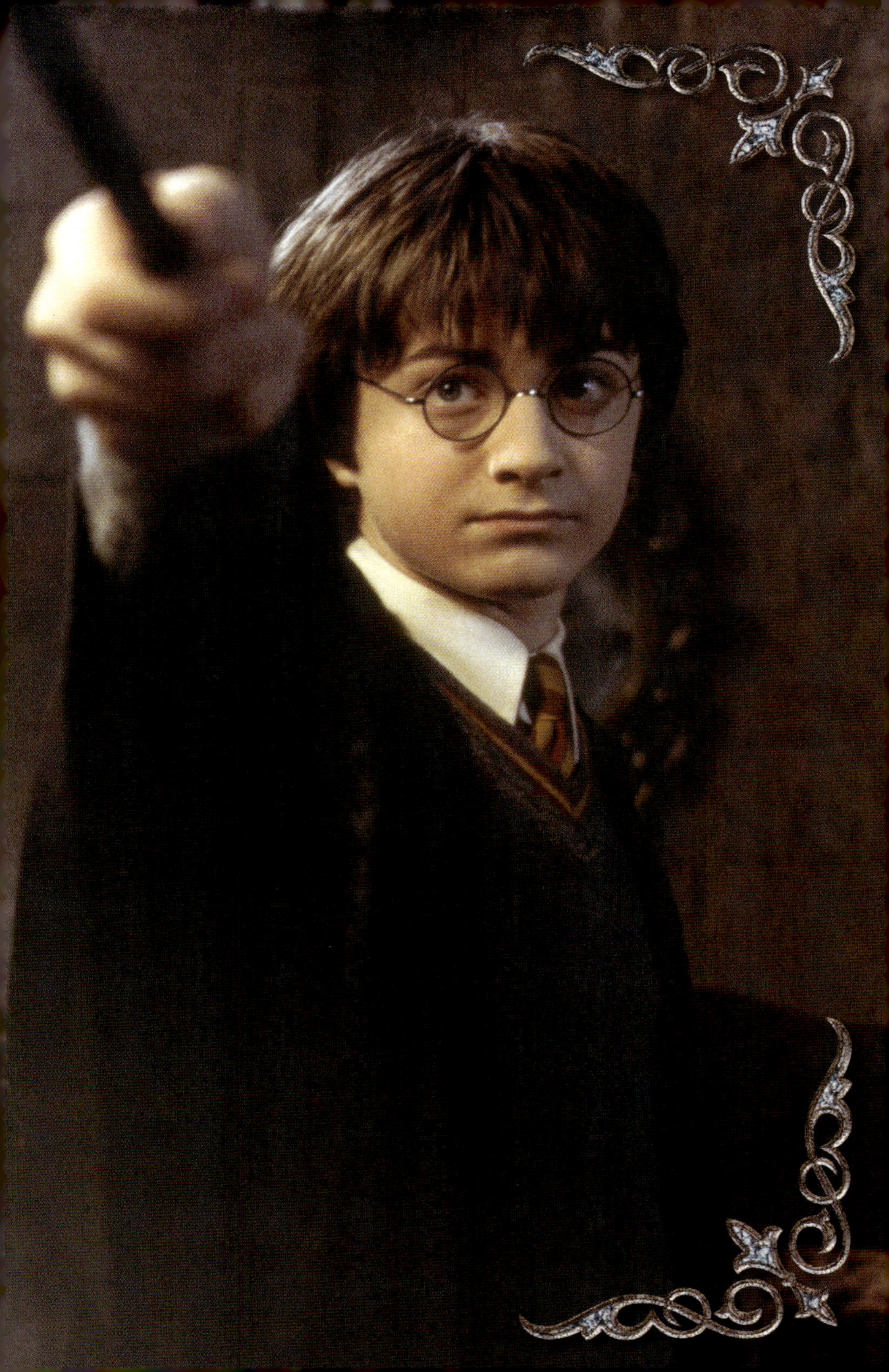

No primeiro filme, Rony, Harry e Hermione procuram a Pedra Filosofal por toda a Hogwarts. Rony participa de um jogo perigoso de xadrez de bruxo para ajudar Harry a chegar à lendária pedra.

"Você entendeu, não é, Harry? Quando eu fizer o meu movimento, a rainha vai me pegar. E então você fica livre para dar o xeque-mate."

— Rony Weasley,
filme Harry Potter e a Pedra Filosofal

No terceiro ano, Rony descobre a assustadora verdade sobre Perebas, seu rato de estimação: ele não é um rato de verdade!

Perebas é na verdade Pedro Pettigrew, um dos Comensais da Morte de Lorde Voldemort, disfarçado!

Como os pais de Rony fazem parte da Ordem da Fênix, um grupo dedicado a derrotar Voldemort, a família Weasley inteira – e aqueles que se associam a eles – está em perigo constante.

Nagini, a cobra de Voldemort, ataca Arthur Weasley.

Comensais da Morte atacam A Toca.

Harry, Rony e Hermione partem em sua missão mais perigosa: a busca pelas Horcruxes.

Voldemort escondeu partes de sua alma nesses objetos e criaturas encantados. Se o trio destruir as Horcruxes, vai poder destruir Voldemort. Rony, Harry e Hermione planejam roubar uma Horcrux na invasão ao Ministério da Magia.

No Ministério, Dolores Umbridge tem um medalhão que é uma das Horcruxes de Voldemort.

Rony, Harry e Hermione roubam o medalhão, mas o mal que ele emana é tão poderoso que deixa Rony louco o bastante para abandonar os amigos.

Rony se livra da influência da Horcrux do medalhão e volta para ajudar os amigos.

Ele salva Harry de afogamento em um lago e usa a Espada de Gryffindor para destruir o medalhão.

Hermione fica furiosa com Rony por tê-la abandonado com Harry em um momento de desespero.

Rony: "Quanto tempo você acha que ela vai ficar com raiva de mim?"

Harry: "Só continue falando sobre aquela bolinha de luz que tocou seu coração. Ela vai melhorar."

— Filme Harry Potter e as Relíquias da Morte — Parte 1

Na busca pelas Horcruxes, sequestradores levam Rony, Harry e Hermione para a Mansão Malfoy, a casa da família de Draco.

Rony usa o Desiluminador, presente de Dumbledore, para apagar as luzes, para que ele e Harry possam emboscar os Comensais da Morte.

Rony e Harry salvam Hermione da tortura de Belatriz Lestrange e fogem com Luna Lovegood, o fabricante de varinhas Olivaras e o duende Grampo.

Durante a batalha final contra Voldemort em Hogwarts, Rony e Hermione se aproximam mais do que nunca.

Depois que Rony e Hermione destroem outra Horcrux, eles se abraçam e finalmente admitem o sentimento um pelo outro.

Rony: "Vocês acham que alguma vez vamos ter um ano tranquilo em Hogwarts?"

Harry e Hermione: "Não."

Rony: "É, eu também não acho. Ah, bom, o que é a vida sem uns dragões?"

— Filme Harry Potter e o Cálice de Fogo